A MONSIEUR

.BERNARDIN DE St. PIERRE.

Monsieur,

Je remis à Mr. le Comte de Mirabeau quelques jours avant son départ de Provence pour les Etats Généraux, un plan de vie patriarchale pour faire mener à tous mes enfans la vie qu'auroit mené sans doute Paul & Virginie ; eux qui se disoient : vois nos oiseaux ; élevés dans les mêmes nids : ils s'aiment comme nous ; ils sont toujours ensemble comme nous. *De plus, un plan d'Education en partie pour mes enfans & en entier pour leur postérité : éducation presque toute en jeux & en exercice à l'instar de celle de la République de Platon, & de celle que vous voudriez qui fût établie dans les Ecoles de la Patrie, à en juger par les principes sur lesquels vous desireriez qu'on les fondât.*

Après avoir tracé ce plan, je l'ai entiérement trouvé conforme à vos principes sur l'éducation ; heureux présage de sa bonté. Je placerai à sa suite cette application si fortunée & si propre à l'éclairer & à l'embellir.

a iij

Ce fruit que j'ai retiré, MONSIEUR, *de vos études, m'a fait penser d'en détacher de même les autres vues pratiques, tant en sentimens qu'en exercices, comme on cueille les fruits d'un bel arbre, pour pouvoir s'en nourrir, & les mettre à la portée de cette classe d'hommes la plus nombreuse & la plus nécessiteuse qui vous est si à cœur. Ce qui me fait espérer que vous ne désapprouverez pas ce dessein dont je vous fais le plus entier hommage, tant par reconnoissance particuliere, que comme d'un bien qui vous appartient, & auquel je ne prétends que la gloire d'en avoir joui le premier de cette maniere.*

M'étant proposé que mon plan d'éducation pourroit être utile à l'Etat, j'avois prié Mr. le Comte de Mirabeau de vous le communiquer avant d'en faire usage dans cette vue pour vous prier de l'examiner avec la tranquillité dont il n'a plus joui dès-lors, de même que mon plan de vie patriarchale qu'il avoit lu auparavant, & où il m'assura avoir été charmé de mon imagination à la fois poétique & patriarchale.

Cet éloge m'inspira l'ambition de vous prier d'adopter ce plan & celui sur l'Education comme une suite des Etudes de la Nature, & son Auteur pour votre fils d'alliance, comme celui de vos admirateurs le plus fidelle & le plus tendre.

J'avois prié encore Mr. le Comte de Mirabeau de vous faire part d'un extrait précieux, & aussi 'néceſſaire qu'indiſpenſable, que j'avois fait pour le Peuple, du profond Traité de l'Importance des opinions religieuſes, *intitulé* : Exhortations à la Vertu & à la Religion ; *mais préſumant bien que cet ami de la Nation n'a pas eu le loiſir de cela avant de s'enfermer dans le ſanctuaire de Verſailles, ni même de vous faire paſſer les autres Manuſcrits, je ſuis impatient de preſſentir votre jugement ſur leur compte, en vous envoyant,* MONSIEUR, *une réduction de mon Plan d'Education faite du depuis ſur des nouvelles idées touchant la facilité & l'univerſalité de ſon exécution. Les nouvelles autorités que j'ai tirées des Etudes de la Nature ſur ce ſujet, ont redoublé mon empreſſement.*

J'avois penſé d'intéreſſer à ce plan Mde. la Baronne de Stal, puiſqu'il met ſon ſexe dans la même balance du nôtre, & à l'engager, au nom des vertus & des talens qui la diſtinguent, de le recommander au pere de la Patrie qu'elle ſe félicite d'appeller ſien, & avec autant de gloire & plus de droit que la fille d'alliance de Montaigne ; mais ignorant ſi cette Dame illuſtre n'eſt point auſſi dans les barrieres de Verſailles, je ne puis mieux faire que de remettre tous ces intérêts à celui qui a fait les premiers vœux & les plus ardens pour le ſoulagement des maux de l'humanité, quoique j'en appelle à vous de ceux que je formois, il y a douze ans, dans mon Projet de Communauté philofophe, ou, *comme dans l'embléme dont je l'ai décoré* :

> » . . . . Le Ciel offre à nos cœurs
> L'image des vertus, le modele des mœurs.
> Dans cette République un efprit unanime
> Conduit les citoyens, les fixe, les anime,
> Tous enfemble au travail, tous enfemble au repos. »

Pour vous prier au nom du Ciel de vous intéreffer à mon plan vous & les perfonnes diftinguées qui peuvent le féconder, au rang defquelles je mets éminemment Mr. le Comte de Mirabeau qui m'a juré d'aimer & de protéger mes Ouvrages, je vous envois, MONSIEUR, une premiere feuille d'impreffion mis au net d'une doctrine de la Bible, Ouvrage voté par des perfonnes les plus refpectables & les plus chéries que je connoiffe. Vous recevrez auffi fous ce pli le nombre de vos tableaux que je fouhaite que vous mettiez dans les petits Portefeuilles des Gens du Peuple.

Je fuis avec le plus profond refpect & le mieux fenti,

MONSIEUR,

Votre très-humble & très-obéiffant ferviteur,

A Generalif.
A F. . . . . . en Pr.
7 Juin 1789.

A MONSIEUR

DE MIRABEAU,

L'ami de fa Nation , & fon Député à l'Affemblée Nationale.

MONSIEUR,

Ce n'eft qu'avec trop de fondement que j'ai penfé que vous n'auriez point le loifir de vous occuper de mes Plans avec tous les orages qui n'ont ceffé de vous affaillir depuis le jour que j'eus l'honneur de vous les remettre à Aix. J'efpérai que M. de Saint-Pierre pourroit en avoir davantage dans les hauteurs inacceffibles de la Philofophie , & je me fuis trompé. Il s'occupe , comme il m'écrit, à rouler fon tonneau dans ce remue ménage. Je vois que vous n'en êtes pas encore au mien , touchant l'Education ; à ces dernieres Loix de la fociabilité , qui forment l'enchaînement & la parfaite rotabilité du cercle politique.

Mes idées fur cette partie vous feront affez recommandables, fi elles font bonnes, comme me faifoit croire M. de Saint-Pierre; qui en me difant : que je les exprime quelquefois de la maniere la plus neuve & la plus frappante; a la bonté d'ajouter que plufieurs lui ont paru dignes de la plus grande confidération, & qu'il s'eftimeroit heureux de pouvoir augmenter, à cet égard, leur nombre. J'ai ajouté des nouveaux motifs dans le Réglement d'Education Nationale, que j'ai fait imprimer, aux détails du Plan d'Education par Jeux que j'eus l'honneur de vous remettre. Si vous jugez qu'il foit mieux de les faire imprimer enfemble pour les préfenter à l'Affemblée Nationale, je vous prie de m'envoyer ce manufcrit, étant plus au net que fes précédentes copies.

Preffé de vivre & de vivre un peu pour moi, je vous prie auffi, Monfieur, de m'envoyer, par la même raifon, mon Plan de Vie Patriarchale & mes Exhortations à la Vertu, afin que je puiffe mettre au jour ce qui dépend de moi & ce qui s'y réfere. J'avois eu l'honneur de vous mander que les deffins de ma fontaine m'étoient néceffaires pour fon exécution ; mais je me confole que celle de vos exploits immortels l'aient ainfi retardée, pour pouvoir en graver l'heureux fouvenir fur ce monument domeftique que j'éleve au Génie.

L'on prétend que vous rendrez les Juges responsables de leurs Jugemens ; mais je souhaiterois que vous prévinssiez même cette fâcheuse nécessité , en les rendant plutôt responsables des consultations particulieres de toutes les causes respectives qui pourroient venir à leur Tribunal, en les leur faisant consulter anonymement, & les rendant Oracles de leurs Jugemens avant qu'ils les rendissent ; afin qu'avertis par la Justice, ils n'osassent plus la violer. Cet expédient de former ainsi une Chambre de Consultans , à tour de rôle, dans la Magistrature , en seroit une double épreuve. Quant à la méchanique de cet Oracle précurseur des Jugemens, rien de plus aisé. Ce moyen pourvoiroit à la religion des Juges , à la paix & à la tranquillité des Citoyens , en anéantissant ou en faisant accommoder la plus grande partie des procès.

Ainsi, je souhaiterois que le Bureau des Législateurs ne négligeât rien pour que les Loix Civiles empêchassent le besoin des Loix Criminelles, suivant cette pensée : que le crime ne vient que de l'aveuglement & de l'inquiétude dans la recherche du bonheur. Par exemple, le Soldat, auquel nos Conseillers viennent d'avoir le plaisir d'infliger le dernier supplice , ne l'a mérité que par la faute de l'Ordre Militaire, qui laisse porter leurs armes aux Soldats dans les tavernes , & qui ne les inftruit pas qu'hors le pofte de fentinelle, il n'y a point d'infamie à les abandonner.

Les Légiflateurs doivent rendre le bonheur fi aifé à tous les hommes, qu'ils y foient plutôt conduits par le train de vie que les Loix doivent établir, que par la fimple déclaration de leurs difpofitions, & moins encore par leur réflexion; car le vrai corps politique reffemble à un individu dont une partie fe plait à obéir à celle qui doit commander.

Souffrez à cet égard que je vous prie de lire la Penfée premiere de la Beaumelle, deuxieme partie de fes Penfées, qui fert de texte à la conclufion de la *Maifon de Réunion de ma Communauté Philofophe* : & puifque vous en ferez là, de voir fi la multiplication de cette Maifon, foit pour la claffe ruftique de la fociété, ou pour la claffe riche ne cadreroit avec l'ordre politique & leurs objets principaux, la paix générale & la liberté individuelle.

» Tranquillité, Douceur, Plaifir, Contentement! O Pope! ô Morus! ô Mabli! ô Mirabeau!

Je ne crois pas avoir befoin de vous recommander, Monfieur, une conftitution pareille à celle de Sparte, que l'Oracle mit au rang fuprême; mais j'aurai d'autant plus de droit à vous en rappeller une semblable, qui existe au milieu de nous, malgré la corruption de nos mœurs publiques, qu'elle m'a prié de mettre son institution sous les auspices du Gouvernement. C'est la seule association actuelle d'hommes qui ait mérité des regards de complaisance & des éloges de l'Ami des Hommes, le premier des régénérateurs de la Nation. Elle vous a intéressé aussi, sans doute, à ce que je compris dans notre courte entrevue, par les diverses lettres que vous aviez vu qu'elle m'écrivoit.

Les troubles des dissentions civiles nous empêcherent de nous entretenir de ces idées de la paix & du bonheur. Nos projets à cet égard furent toujours rompus, & vous m'en témoignâtes plusieurs fois le regret ; mais quand le Ciel nous a rendus la paix & la tranquillité, & qu'il vous commande le rétablissement de la Justice, vous n'oublierez pas que la parfaite Union des hommes est le but suprême des Loix.

Dans la Brochure, que j'ai l'honneur de vous envoyer, vous trouverez, Monsieur, le Réglement d'Education Nationale que j'ai projetté d'après mon Plan d'Education par Jeux ; un Hors-d'Œuvre pour l'instruction des personnes qui se mêlent de l'Education ; & une premiere feuille d'un Esprit de l'Ecriture-Sainte qui présente la Morale Patriarchale ; afin de seconder les heu-

reufes Loix que vous allez donner, conformes à
celles que le Créateur a gravé dans le cœur de
tous les hommes, & qui ont le plus éclaté dans
la vie ou les écrits de ceux qui ont été plus
fidelles obfervateurs de ces traits divins.

Je fuis avec un profond refpect,

MONSIEUR,

Votre très-humble & très-
obéiffant ferviteur.

A S^{te}. C. près L. T.
9 Septembre 1789.

A MONSIEUR DE VOLNEY,

Secretaire de l'Assemblée Nationale.

MONSIEUR,

J'apprends que M. Clerc, ancien Directeur de l'Institution Impériale des Cadets Russes, vient de présenter à l'Assemblée Nationale un Plan d'Education. J'avois apperçu dans sa premiere Institution le défaut de ressembler trop à la méthode dogmatique & pédantesque ennemie de la Jeunesse & du bon sens. Je l'avois remarqué dans un Tableau de son Plan Russe que je mis en parallele avec un que je fis pour un projet de Communauté philosophe, & que je détache de cette Brochure pour le mettre ici sous vos yeux au cas que vous fussiez bien-aise de comparer nos anciens Plans avec les nouveaux.

Jugez de mon empressement à souhaiter que la question sur la meilleure sorte d'Education soit décidée aujourd'hui que mes vues pourroient être adoptées pour le bien de toute la France, & que j'ai rendu mon Institution si propre à la Jeunesse, qu'elle n'emploie d'autre motifs pour la porter à s'instruire que les penchans que la Nature lui inspire dès ses plus tendres années pour s'éclairer des connoissances nécessaires à l'homme. Oh ! combien cette méthode ne seroit-elle pas à préférer à celle qui fait dépendre tous ses succès de l'empire tyrannique & incertain des maîtres.

Il me semble que c'est là un nouveau point d'Aristocratie à examiner, d'autant plus important, qu'il regarde les plus foibles des Citoyens depuis si long-temps victimes d'un joug odieux, & d'autant plus dignes de compassion, qu'elles sont moins en état de la réclamer.

Oui, Messieurs, il faut que le génie soit aussi libre pour naître que pour produire, comme il faut que les Citoyens pour vivre ne soient pas enchaînés ; vous avez brisé les chaînes du Peuple, vous devez enfoncer les barrieres cruelles des Colleges, & je vous demande de rendre leurs infortunés Eleves à la Nature leur mere, par une Institution qu'elle seule aura dictée, & non ceux qui ont eu intérêt de profiter jusqu'ici de l'abrutissement des Citoyens & de leur aveuglement.

J'ai songé à mettre ces deux qualités synonymes, la liberté & la vertu des enfans, comme vous faites de celles des hommes, à l'abri de l'ignorance, de l'insensibilité & du caprice de leurs tuteurs ; c'est pourquoi mon Plan d'Education est presque tout méchanique ; il ressemble à l'ordre qu'avoit mis Vaucanson dans sa maison pour ne pas se reposer de son soin sur ses domestiques :

ainſi dans mon Plan l'art tient lieu de Précepteurs, & M. de St. Pierre m'a loué à bon droit
d'avoir dit : l'Education doit être le plus ingé-
nieux des Arts, puiſqu'elle les renferme tous. J.
J. Rouſſeau avoit très-bien dit, d'après toute la
philoſophie, que nos ſens doivent être les premiers
précepteurs ; mais cette maxime n'a point encore
été réduite en art, malgré les profonds raiſonne-
mens de ce Philoſophe, ni les vœux patriotiques
du ſage Helvetius, qui rapporte tant d'exemples
des plus grands hommes tous formés ſuivant les
mêmes principes. Eh ! que ne deviendroient pas
nos enfans, s'ils étoient élevés par toutes les cir-
conſtances réunies de cette méthode ſimple natu-
relle & libre du génie.

Il appartient à ce ſiecle pratique de compoſer
cet art de l'humanité ſi conforme aux inſpira-
tions de la Nature & le ſeul propre à donner
des Citoyens qui aient, comme vouloit Ageſilaus,
appris, étant enfans, à faire tout ce qu'ils doivent étant hommes. Le Gouvernement avant même
ſa régénération, avoit pris, il y a un couple
d'années, ſous ſa protection l'établiſſement du
cours de Jeux inſtructif fait à Paris par M. l'Abbé
Gaulthier. Nous n'avons cependant jamais vu
faire mention en Province que de ſon Jeu de la
Géographie par découpures, & j'ignore l'étendue,
ni le Plan de ſon cours. Mais depuis long-
temps j'avois eu cette idée, qui m'eſt commune

avec l'Auteur de Pamela & celui du choix des Etudes ; je l'ai développée dans un Plan d'Education par Jeux manuscrit qui est entre les mains de M. de Mirabeau & que j'eus l'honneur de lui remettre avant son départ pour l'Assemblée.

Il est sûr qu'une telle méthode pouvant suppléer à l'habileté des Maîtres ou à leur défaut & en dispenser absolument, est préférable à celle qui leur soumet nécessairement la Jeunesse sans leur donner une instruction aussi efficace ni aussi utile & pure. Elle n'exige de la part du Gouvernement que des ordres pour la fabrication des Jeux artistes, & de la part des peres que la simple acquisition qu'ils en feroient.

Au moyen d'une Institution si aisée, je pense comme le bon Plutarque, que la Commune devroit gratifier d'une même instruction que celle des enfans des riches, ceux qui naissent dépourvus par la fortune, afin de faire prétendre ceux-ci à ces faveurs égales, pour faire la félicité & la paix des Citoyens, comme la concorde & la plus grande prospérité font le fruit du même avantage entre freres.

J'en ai trop dit sans doute, Monsieur, pour une société de Législateurs qui verra dans mon esquisse de Réglement d'Education Nationale & dans mon Plan d'Education par Jeux infiniment mieux que je n'ai pu imaginer & dire. Quelque imparfait que soit mon Ouvrage, j'espere que vous

voudreſ bien le leur préfenter comme l'hommage
pur des vœux d'un Citoyen qui eft pere.

J'ai l'honneur d'être,

MONSIEUR,

>Votre très-humble & très-
>obéiffant ferviteur,
>D'HUPAY DE FUVEAU.

A Fuveau en Provence
4 Décembre 1789.

Nota. Les talens de M. l'Abbé Gaulthier étant mar-
qués pour une pareille Inftitution, par l'approbation
que lui avoit déja donnée le Roi ; l'Affemblée Nationale auroit en lui un Directeur pratique de la fabrique des
Jeux artiftes qu'elle jugera à propos d'ordonner d'après
nos Plans.